Impressum:

Copyright © 2011 GRIN Verlag, Open Publishing GmbH
Druck und Bindung: Books on Demand GmbH, Norderstedt Germany
ISBN: 9783656315674

Dieses Buch bei GRIN:

http://www.grin.com/de/e-book/204501/cesare-ripas-iconologia-einblick-in-aufbau-
kriterien-und-hintergruende

Tamara Volgger

UNICUM.de – Die Wissensreihe

UNICUM.de

Band 23

Cesare Ripas "Iconologia" - Einblick in Aufbau, Kriterien und Hintergründe

GRIN Verlag

GRIN - Your knowledge has value

Universität Stuttgart
Institut Kunstgeschichte
Propädeutikum: Was ist eine Quelle?
Wintersemester 2010/ 2011

Cesare Ripa – Iconologia

01.04.2011

Inhaltsverzeichnis

Einleitung

Das Vorwort der Ersterscheinung der Iconologia, dem "Editio princeps", von Cesare Ripa
1593 in Rom lautet: „Iconologia overo descrittione dell'Imagini universali cavate dall'antichita
et da alti luoghi Da Cesare Ripa Perugino. Opera non meno utile, che necessaria à Poeti,
Pittori, et Scultori, per rappresentare le virtù, vitij, affetti, et passioni humane."[1]
Übersetzt heißt das: „Ikonologie oder Beschreibung von allgemeinen Bildern aus der Antike
oder von anderen Orten genommen von Cesare Ripa aus Perugia, ein Werk, das für Dichter,
Maler und Bildhauer nicht weniger nützlich als notwendig ist, um die Tugenden, Laster,
Affekte und menschliche Leidenschaften darzustellen".[2]

Man kann dem Vorwort der Iconologia schon entnehmen, dass es sich bei dem Werk von
Cesare Ripa um eine Bildlehre handelt, die als Anleitung für Dichter, Rhetoriker und Künstler
gelten soll, um abstrakte Begriffe (wie zum Beispiel "dignitá" (= die Würde)) durch
Verbildlichungen eindeutig erkennbar zu machen. Sie ist sozusagen ein Leitfaden für
allegorische Darstellungen und Personifikationen und dient heute noch als Nachschlagewerk.
Beliebt war die Iconologia besonders im 17. Und 18. Jahrhundert und diente den Malern und
Bilhauern tatsächlich als Vorlage, bis sie im 19. Jahrhundert in Vergessenheit geriet. 1927
entdeckte Emile Mále die Iconologia wieder, wodurch sie wieder an kunsthistorischer
Relevanz gewann.

So ist die Iconologia noch heute eine wichtige Quelle für Kunsthistoriker, um besonders
barocke Kunstwerke, bzw Allegorien, besser verstehen zu können.

Im Folgenden soll näher auf den Aufbau, die Kriterien, sowie auf Hintergründe der Iconologia
eingegangen werden.

Cesare Ripa

Wer war der Verfasser der Iconologia? Durch einen kurzen Einblick in seine Biografie soll
eine Vorstellung von Cesare Ripa vermittelt werden.

Cesare Ripa wurde um 1560 in Perugia geboren. Über seine biografischen Daten ist nur sehr
wenig, durch vereinzelte Anmerkungen in der Iconologia, bekannt. Auskunft gibt es nur
darüber, dass er Schriftsteller, Gelehrter, Theoretiker und Hausverwalter war. Anscheinend

---

[1] Wirth, Ilse: Das berühmte italiänischen Ritters Cesare Ripa allerley Künsten und Wissenschaften dienliche
Sinnbilder und Gedanken. Hrsg. Hertel, Johann Georg. Augsburg. 1970. S.9.
[2] Wirth, Ilse: Das berühmte italiänischen Ritters Cesare Ripa allerley Künsten und Wissenschaften dienliche
Sinnbilder und Gedanken. Hrsg. Hertel, Johann Georg. Augsburg. 1970. S.9.

befand er sich auch im Dienste des Kardinals Anton Maria Salvati. Nach dessen Tod 1602, wurde er Soldat des Erben des Karidnals, Lorenzo Salvati. Mit 62 Jahren Jahren verstarb er 1622 in Rom. Es wird vermutet, dass es sich bei dem Namen "Cesare Ripa" um ein Pseudonym handelt, da dieser Name kaum in anderen Zusammenhängen genannt wird.[3]

Die Iconologia

Was Bedeutet Iconologia? Das Wort kommt aus dem Griechichen und wird durch zwei Wörter zusammen gesetzt: "Ikon"- "das Bild" und "Logos" – "das Wort/ der Gedanke". Der Titel ist durch seine Wortdeutung schwer zu erklären. Nach Maser und Beck sind auch die Termini "Ikonologie" und "Ikonografie" nicht heranzuziehen.

Sein Anliegen ist, wie bereits in der Einleitung erwähnt, in seinem Vorwort der Erstausgabe genannt. Es ist ein Leitfaden für bildende Künstler, Dichter und Rhetoriker, um abstrakten Begriffen ("die Tugenden, Laster, Affekte und menschliche Leidenschaften"[4]) durch Personifikationen eine Gestalt geben zu können. Sie enstand aus Studien, die Ripa in seiner Freizeit betrieb.

Im 18. Jahrhundert warfen im französiche Ikonologisten vor, sein Werk sei unbrauchbar, da es an Klarheit und Allgemeinverständlichkeit mangele.

Sie haben Ripas Absicht jedoch missverstanden, denn sein Ziel war es nicht, eine für jeden verständliche Bildsprache zu entwickeln. Sein Ziel war es eher, den Betrachter zum Nachdenken anzuregen. Nicht nur über die Darstellung selbst und ihre Entschlüsselung, sondern auch, warum dieser Begriff von ihm so dargestellt wurde. Er setzte also ein umfassendes literarisches Wissen vorraus. Sein Werk galt, in Anbetracht des damalig weitverbreiteten Analphabetismus, nur den gebildeten Bürgern.

Aufbau

Die Iconologia umfasst über 1000 Personifikationen von abstrakten Begriffen. Oft gibt es auch mehrere Personifikationen pro Begriff.

---

[3] Werner, Gerlind: Ripa's Iconologia. Quellen – Methode – Ziele. Hrsg. Haentjens, Dekker und Gambert. Utrecht. 1977. S. 9.
[4] Wirth, Ilse: Das berühmte italiänischen Ritters Cesare Ripa allerley Künsten und Wissenschaften dienliche Sinnbilder und Gedanken. Hrsg. Hertel, Johann Georg. Augsburg. 1970. S.9.

Nach den Beschreibungen der Personifikationen begründet Ripa seine Wahl der Gegenstände, Kleidung und Farbgebung als Attribute. Teilweise gibt er auch eine Definition der Begriffe an oder fügt Bibelstellen hinzu. Auch Auszüge verschiedener antiker Literatur dienen ihm als Quelle für seine Darstellungen. Sein Modus der Beschreibung bleibt in seinem Werk jedoch nicht konstant. An manchen Stellen verzichtet er komplett auf nähere Informationen, an anderen erweitert er sie durch Erwähnungen bekannter Persönlichkeiten oder Ereignisse. Zum Vergleich: Die Beschreibung zu seiner Personifikation "Rumore" (= der Lärm) besteht aus zwei Zeilen, die Beschreibung zu seiner "Italia" (= Italien) dagegen ist vier Seiten lang.

Kriterien

Im Vorwort seiner Ausgabe von 1603 legte Ripa seine verschiedenen Kriterien für die Iconologia dar.

Zunächst werden seine Begrifflichkeiten erklärt. Die abstrakten Begriffe nennt Ripa „concetti", diese schränkte er jedoch ein. „Concetti" sind „Dinge, die man nicht sehen, sondern nur wissen kann"[5]. Er meint damit so etwas wie die Liebe („l'amore"), etwas, das weder zu sehen, noch zu greifen ist, aber jeder weiß, was er mit diesem Begriff assoziieren kann. Ripa fasste diesen Terminus jedoch recht weit, da er auch Gewohnheiten und Handlungen, die aus so einem abstrakten Begriff entstehen können, mit einschloss. Für ihn ist wichtig, dass die „concetti" definierbar sind und ein essentieller Bestandteil des Menschen oder zumindest in nahestehender Weise zum Menschen gehören. Man muss es also jedem Menschen, nicht nur bestimmten Individuen, zuordnen können.

Die „Immagini", von denen Cesare Ripa öfter spricht, mussten ebenso gewisse Anforderungen erfüllen. Sie sollten, im Unterschied zu sprachlichen Metaphern, ein vollständiges Bild des Begriffes darstellen, egal ob mit Worten oder Farben. Die menschliche Figur soll bei den „Immagini" im Vordergrund stehen. Ripa lehnt sich hier an die scholastische Philosophie des Aristoteles: Die Lehre von den vier Gründen des Seienden. Seine Gedankengänge zu Form (griech. Morphe) und Stoff (griech. Hyle) wurden für die abendländischen Philosophie grundlegend. Um seine Philosophie besser erklären zu können, wird als Veranschaulichungsbeispiel eine Opferschale gewählt.

Der erste Punkt ist die „causa materialis", das Prinzip der Materie. Dabei wird der Stoff für die Opferschale festgelegt. In diesem Beispiel sei sie silber. Die „causa formalis", das Prinzip der Form, beschreibt, wie der Name bereits sagt, die Form der Schale. Hier sei sie rund. Die

„causa efficiens", die Wirkursache, beschreibt den Schmied, der die Schale angefertigt hat.
Am Schluss steht die „causa finalis", die Zweckursache, die den Verwendungszweck der
Schale wieder gibt. Bei der Opferschale handelt es sich dabei natürlich um die
Opferhandlung.

Nach der Begriffserklärung werden Äquivalente zu den einzelnen Teilen der Definition
gesucht. Das heisst, es wird ein Gegenstand gesucht, der in seiner Umgebung die selbe
Funktion hat, wie der Begriff beim Menschen. Veranschaulichen kann man diese Sachlage
anhand einer Säule. In ihrer architektonischen Umgebung hat sie eine tragende Funktion,
überträgt man sie auf einen Menschen, so steht sie für Stärke und Tugendhaftigkeit.

Danach wird die „disposizione", die Anordnung der einzelnen Teile (Haltung, Gestik und
Kleidung) hinsichtlich der „qualitá", der Beschaffenheit in Bezug auf Alter, Fülle und Farbe,
gewählt.

Als Letztes folgt die genaue Kennzeichnung der „Immagini" durch individuelle Attribute.
Wichtig ist Cesare Ripa hierbei, dass ein Attribut möglichst viele Elemente der Definition
wieder geben kann. Außerdem versucht er einen Überfluss zu vermeiden.

Verbildlichen kann man dies anhand dem Beispiel der Würde („dignitá") und dem ihr
zugehörigen Text:

„Man fraget nicht unrecht / daß hohe Ehr und Würden

Nichts sein / dann lauter Last:

Und zwar / die Wahrheit kurz gefasst /

So seind sie freilich schwere Bürden.

Die Würde ist ein kostbar gekleidetes Weibsbild / so unter einer Last

/ die sie träget / und in einem grossen

in Gold und Silber eingefasstem Stein bestehet / sich fast beugen muß. "[6]

Sogar ohne die Darstellung der Würde bereits zu kennen, ist man in der Lage, das Bild vor
dem geistigen Auge Form annehmen zu lassen. Als Äquivalent dient hier der große Stein. In
seiner Umgebung gilt er als sehr schwer, bezieht man den Stein als Attribut auf den
Menschen, so kann er als zu tragende Last gelten. Das Kriterium der „qualitá" ist durch die
Beschreibung eines *„kostbar gekleidetes Weibsbild"*[7] erfüllt. Die gebückte Haltung, die
„dispsizione", begründet sich durch den schweren Stein.[8]

Mit diesen Regeln strebt Ripa jedoch keinen festen Kanon an. Die „concetti" sollen zwar
verdeutlicht werden, aber auf keinen Fall durch ihre bildliche Darstellung und ihrer

---

[5] Werner: Ripa's Iconologia. S.11.
[6] Der Kunstgöttin Minerva liebreiche Entdeckung. Augsburg. 1704.
[7] Ebd.

Verdeutlichung überladen wirken. Durch Akzente soll eine hohe Variationsmöglichkeit verschiedener Darstellungen erreicht werden. Wie bereits erwähnt möchte Ripa durch seine „immagini" zum Nachdenken anregen. Sein Werk erhält dadurch einen erzieherischen Aspekt.

Die Iconologia ist an sich aber nichts Neues, da es schon vor diesem Werk Personifikationen mit den gleichen Kriterien gab. Es war damals sogar üblich, auf zum Beispiel Festzügen, schriftliche Informationen betreffend den einzelnen Bestandteilen der Festdekorationen zu verteilen. Sie wurden zum Teil durch das Zitieren eines antiken Schriftstellers oder durch Verweise auf Fabeln dargestellt. Das Neue an Ripas Iconologia ist, dass er das alleinige Definieren mit dem Personifizieren verband und dies in eine methodische Arbeitsweise umwandelte. [9]

Ausgaben der Iconologia

Die Erstausgabe erschien, wie bereits erwähnt, 1593 in Rom. Sie war, ebenso wie die Zweitausgabe von 1602 in Mailand, noch unbebildert. Erst das dritte Exemplar der Iconologia war illustriert.

Die Zweitausgabe editierte Ripa selbst und erweiterte sie durch die Aufnahme neuer „concetti", sowie durch eine Überarbeitung der alten Beschreibungen, zu denen er etwas hinzufügte. Von den insgesamt 684 Stichworten waren in der „Editio princeps" erst 2/3 schon vorhanden. Außerdem veränderte er die Anordnung und versuchte Oberbegriffe und umfangreiche Gruppierungen für seine Personifikationen zu bilden.

Später wurde die Iconologia in zahlreiche andere Sprachen, wie Französisch, Italienisch, Englisch und Niederländisch, übersetzt. Auch ins Deutsche wurde sie übersetzt. Man findet sie hier als Hertelausgaben aus dem Jahre 1758/60 oder unter dem Titel „Der Kunstgöttin Minerva liebreiche Entdeckung" aus Augsburg aus dem Jahre 1704 finden. [10]

---

[8] Vgl. Abb. 1
[9] Werner: Ripa's Iconologia. S.11.
[10] Werner: Ripa's Iconologia. S.7.

Ripas Quellen

Im 16. Jahrhundert beschäftigte man sich intensiv mit Allegorien. In der Hausarbeit werden allerdings nur Quellen angeführt, die vollständige „Immagini" mit allen Attributen, enthalten. Zu Ripas Quellen aus erster Hand gehört zum Beispiel das Werk „I commenti Hieroglifici" von Piero Valeriano. Seine Eternitá bezog Cesare Ripa aus Francescos Barberinis „Documenti d´amore". Von Andrea Alciato stammen seine Personifikationen der Ignoranz („Ignoranza") und des Neides („Invidia"). Von Boethius ließ er sich zu seiner Philosophie („Filosofia") inspirieren.

Man vermutet, dass Cesare Ripa auch mit literarischen Quellen aus zweiter Hand arbeitete. Zu ihnen gehören Dante, Boccacio, die „Trionfi" von Francesco Petrarca. Seine Muse leitet er scheins von einem gewissen Francesco Bonaventura ab, dies ließ sich jedoch nicht verifizieren. Seine Nacht („notte") führt wohl von Pausanias „Notte" her, mit den Kindern „Morte" (Tod) und „Sonno" (Traum) in den Armen. Laut Ripa war die „Notte" in dessen Werk eine Statue, in Pausanias ist jedoch von einer gemalten Form die Rede.

Neben den literarischen Quellen benutzt Ripa auch Kunstwerke als Ausgangspunkt für seine Personifikationen. Dazu gehören auch viele verschiedene Statuen, Festzüge und Komödien, von denen heute nichts mehr bekannt ist, da sie z.B. verschollen sind. Einige Beispiele von noch bekannten Kunstwerken sind der von 16 Putti umspielte Nilo[11], der heute im vatikanischen Museum zu sehen ist, sowie die Aequiparatio aus der Sala Sistina. Auch der Merito aus der Sala di cento giorni gehört zu seinen Quellen. Bei seinen als Quelle dienenden Kunstwerken stimmen die angegebenen Orte heute zum Großteil allerdings nicht mehr.

Ripa hat in seinen Quellen einige Fehler. Als Beispiel gilt hier seine von Paris Nogaris „Assiduus esto" inspirierte Beharrlichkeit („Assiduita"). Bei Nogari sitzt diese auf Krücken, bei Ripas Darstellung steht sie mit einer Uhr in der Hand vor einem mit Efeu bewachsenem Felsen[12]. Man vermutet, dass Ripa die Darstellung anfertigte, bevor man entschied, wie die Beharrlichkeit nun aussehen solle. Denn seine Darstellung wurde vorgeschlagen, jedoch entschied man sich für eine andere Alternative.

Im Allgemeinen kann man behaupten, dass die Quellenangabe für Ripa nicht so wichtig war. Wieso das so war, kann man nur vermuten. Vielleicht kannte Ripa die Namen seiner Quellen nicht, da er von ihnen eventuell durch Freunde oder andere Leute hörte. Allerdings hat er wohl seine Quellen meist wörtlich übernommen. Eine andere Vermutung für die mangelnde

---

[11] Abb. 3
[12] Abb. 4

Quellenangabe ist, dass Ripa diese nicht für so wichtig empfand, da der Schriftsteller nicht der Erfinder der Bilder ist.[13]

Anwendungsbeispiel

Anhand des einen Gemäldes von Jan Vermeer kann man die Brauchbarkeit der Iconologia in der heutigen Zeit zeigen. In seinem Werk „Allegorie der Malkunst" oder „Der Maler in seinem Atelier" von 1665/66 erkennt man einen Maler, der mit dem Rücken zum Betrachter auf einem Hocker sitzt. Dieser malt in jenem Moment ein junges Mädchen, welches in einem blauen Kleid, mit einer Trompete in der rechten und einem Buch in der linken Hand, ihm Modell sitzt. Auf dem Kopf trägt sie einen Lorbeerkranz. Dieses Mädchen stellt, laut Ripas Iconologia, die Muse der Geschichtsschreibung, Clio, dar.

In „Der Kunstgöttin Minerva liebreiche Entdeckung" wird die Muse wie folgt beschrieben:

„Darinn besteht mein Ruhm / und Arbeit / die ich treibe /

Daß ich der Heldn kahm in die Gedächtnus schreibe.

Die Clio als eine Tochter des Himmels / besingt den Ruhm und die Gedächtnus der grossen Krieg-helden.

Man mahlet die ab als eine junge Dirne / so einen Lorbeerkranz auf dem Haupt trägt / und mit der einen

Hand eine Trompete fasset; anzuzeigen daß sie allzeit bereit seine / Die rühlmliche Thaten bekannt zu

machen: in der anderen Hand aber hält sie ein Buch von Thucidide, weilen die Erfindung selbiger Historie

dieser Muse zugeschrieben wird."10

Man sieht, dass alle Attribute, die Ripa der Muse zuschreibt, von Vermeer angewendet werden.[14]

---

[13] Werner: Ripa's Iconologia. S.48 f.

[14] Vgl. Abb. 1

Literaturverzeichnis

Der Kunstgöttin Minerva liebreiche Entdeckung. Augsburg. 1704.

Werner, Gerlind: Ripa's Iconologia. Quellen – Methode – Ziele. Hrsg. Haentjens, Dekker und Gambert. Utrecht. 1977.

Wirth, Ilse: Das berühmte italiänischen Ritters Cesare Ripa allerley Künsten und Wissenschaften dienliche Sinnbilder und Gedanken. Hrsg. Hertel, Johann Georg. Augsburg. 1970.

Abbildungsverzeichnis

Abb.1

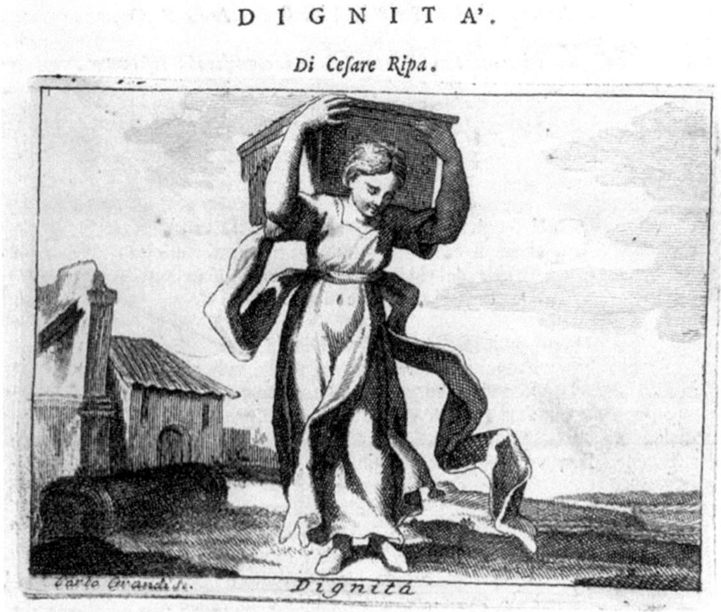

DIGNITA'.

Di Cesare Ripa.

Carlo Grandi sc.   Dignità

http://www.humi.keio.ac.jp/matsuda/ripa/catalogue/ripa_illus_html/043k0257w.html

Abb.2

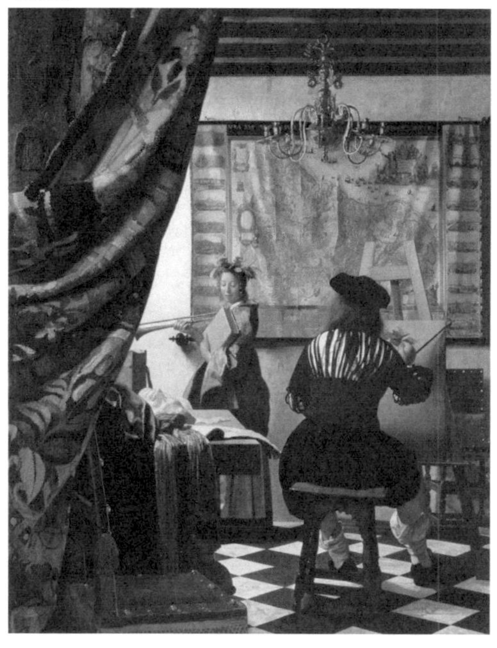

Jan Vermeers,
„Allegorie der Malerei"
oder „Der Maler in seinem Atelier"
120 x 100 cm,
1665/66,
Öl auf Leinwand,
Wien, Kunsthistorisches Museum.
Bildquelle: EsayDB

Abb.3

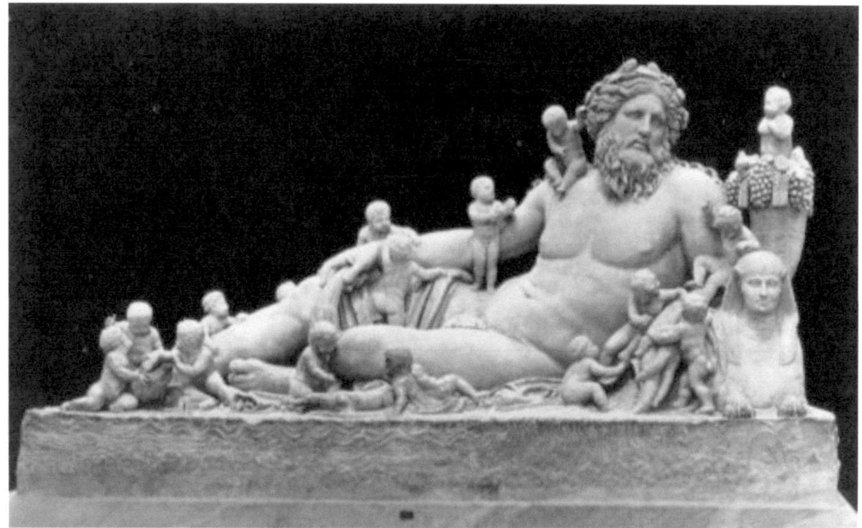

http://www.skulpturhalle.ch/sammlung/highlights/2008/09/abb01a.jpg

Abb. 4

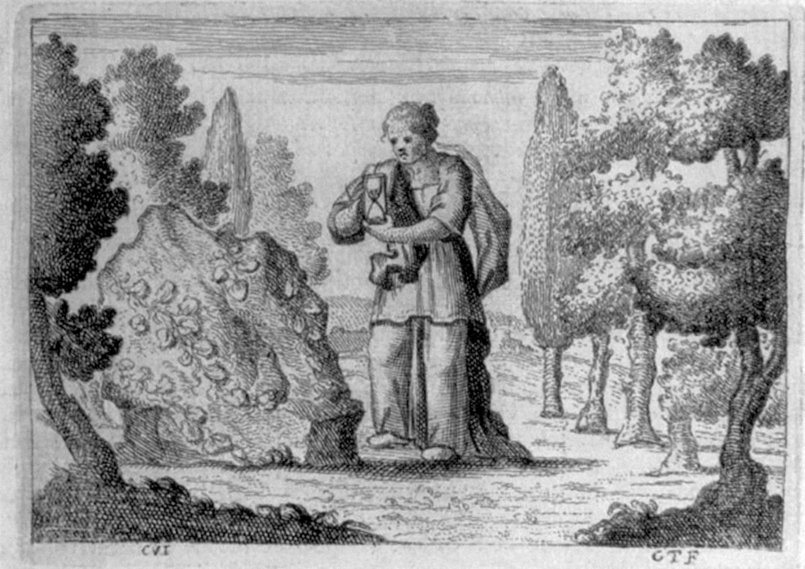

http://www.humi.keio.ac.jp/matsuda/ripa/catalogue/ripa_illus_html/043k0180w.html